D0591637

# Où on va, papa ?

# DU MÊME AUTEUR

La grammaire française et impertinente, *Payot, 1992*
L'arithmétique appliquée et impertinente, *Payot, 1993*
Peinture à l'huile et au vinaigre : les grands peintres et
  leurs mauvais élèves, *Payot, 1994*
Le pense-bêtes de saint François d'Assise, *Payot, 1994*
Le curriculum vitae de Dieu, *Seuil, 1995*
Le pain des Français, *Seuil, 1996*
Sciences naturelles et impertinentes, *Payot, 1996*
Je vais t'apprendre la politesse, p'tit con, *Payot, 1998*
Il a jamais tué personne, mon papa, *Stock, 1999*
La Noiraude, *Stock, 1999*
Roulez jeunesse ! Un code de la route pour les jeunes,
  *Payot, 2000*
Encore la Noiraude, *Stock, 2000*
J'irai pas en enfer, *Stock, 2001*
Pas folle la Noiraude, *Stock, 2001*
Mouchons nos morveux : conseils aux parents qui ne
  veulent plus se laisser marcher sur les pieds, *Lattès,
  2002*
Le petit Meaulnes, *Stock, 2003*
Antivol, l'oiseau qui a le vertige, *Stock, 2003*
Les mots des riches, les mots des pauvres, *Anne
  Carrière, 2004*
Satané Dieu !, *Stock, 2005*
Mon dernier cheveu noir : avec quelques conseils aux
  anciens jeunes, *Anne Carrière, 2006*
Organismes gentiment modifiés : la génétique imperti-
  nente, *Payot, 2006*
À ma dernière cigarette, *Hoëbeke, 2007*
Histoires pour distraire ma psy, *Anne Carrière, 2007*

Jean-Louis Fournier

# Où on va, papa ?

Stock

Ouvrage publié sous la direction
de Véronique de Bure

ISBN 978-2-234-06117-0

Cher Mathieu,
Cher Thomas,

Quand vous étiez petits, j'ai eu quelquefois la tentation, à Noël, de vous offrir un livre, un *Tintin* par exemple. On aurait pu en parler ensemble après. Je connais bien *Tintin*, je les ai lus tous plusieurs fois.

Je ne l'ai jamais fait, ce n'était pas la peine, vous ne saviez pas lire. Vous ne saurez jamais lire. Jusqu'à la fin, vos cadeaux de Noël seront des cubes ou des petites voitures…

Maintenant que Mathieu est parti chercher son ballon dans un endroit où on ne pourra plus l'aider à le récupérer, maintenant que Thomas, toujours sur la Terre, a la tête de plus en plus dans les nuages, je vais quand même vous offrir un livre. Un livre que j'ai écrit pour vous. Pour qu'on ne vous oublie pas, que vous ne soyez pas seulement une photo sur une carte d'invalidité. Pour écrire des choses que je n'ai jamais dites. Peut-être des remords. Je n'ai pas été un très bon père. Souvent, je ne vous supportais pas, vous étiez difficiles à aimer. Avec vous, il fallait une patience d'ange, et je ne suis pas un ange.

Vous dire que je regrette qu'on n'ait pas pu être heureux ensemble, et peut-être, aussi, vous demander pardon de vous avoir loupés.

On n'a pas eu de chance, vous et nous. C'est tombé du Ciel, ça s'appelle une tuile.

J'arrête de me plaindre.

Quand on parle des enfants handicapés, on prend un air de circonstance, comme quand on parle d'une catastrophe. Pour une fois, je voudrais essayer de parler de vous avec le sourire. Vous m'avez fait rire, et pas toujours involontairement.

Grâce à vous, j'ai eu des avantages sur les parents d'enfants normaux. Je n'ai pas eu de soucis avec vos études, ni votre orientation professionnelle. Nous n'avons pas eu à hésiter entre filière scientifique et filière littéraire. Pas eu à nous inquiéter de ce que vous feriez plus tard, on a su rapidement que ce serait : rien.

Et surtout, pendant de nombreuses années, j'ai bénéficié d'une vignette automobile gratuite[1]. Grâce à vous, j'ai pu rouler dans des grosses voitures américaines.

1. Les parents d'enfants handicapés qui avaient une carte d'invalidité permanente avaient droit à une vignette automobile. En 1991, date de la disparition de la vignette, on n'a plus eu intérêt à avoir des enfants handicapés.

Depuis qu'il est monté dans la Camaro, Thomas, dix ans, répète, comme il le fait toujours : « Où on va, papa ? »

Au début, je réponds : « On va à la maison. »

Une minute après, avec la même candeur, il repose la même question, il n'imprime pas. Au dixième « Où on va, papa ? » je ne réponds plus…

Je ne sais plus très bien où on va, mon pauvre Thomas.

On va à vau-l'eau. On va droit dans le mur.

Un enfant handicapé, puis deux. Pourquoi pas trois…

Je ne m'attendais pas à ça.

Où on va, papa ?

On va prendre l'autoroute, à contresens.

On va en Alaska. On va caresser les ours. On se fera dévorer.

On va aux champignons. On va cueillir des amanites phalloïdes et on fera une bonne omelette.

On va à la piscine, on va plonger depuis le grand plongeoir, dans le bassin où il n'y a pas d'eau.

On va aller à la mer. On va au Mont-Saint-Michel. On ira se promener dans les sables mouvants. On va s'enliser. On ira en enfer.

Imperturbable, Thomas continue : « Où on va, papa ? » Peut-être qu'il va améliorer son record. Au bout de la centième fois, ça devient vraiment irrésistible. Avec lui, on ne s'ennuie pas, Thomas est le roi du *running gag*.

Que ceux qui n'ont jamais eu peur d'avoir un enfant anormal lèvent la main.

Personne n'a levé la main.

Tout le monde y pense, comme on pense à un tremblement de terre, comme on pense à la fin du monde, quelque chose qui n'arrive qu'une fois.

J'ai eu deux fins du monde.

Quand on regarde un nouveau-né, on est admiratif. Comme c'est bien fait. On regarde ses mains, on compte ses doigts minuscules, on s'aperçoit qu'il y en a cinq à chaque main, même chose à chaque pied, on est sidéré, pas quatre, pas six, non, juste cinq. C'est chaque fois un miracle. Et je ne parle pas de l'intérieur, encore plus compliqué.

Faire un enfant, c'est un risque à courir... On ne gagne pas à tous les coups. Pourtant, on continue à en faire.

Chaque seconde sur Terre, une femme met un enfant au monde... Il faut absolument la retrouver et lui dire qu'elle arrête, a ajouté l'humoriste.

Hier, nous sommes allés au couvent d'Abbe-
ville présenter Mathieu à la tante Madeleine, qui
est religieuse au Carmel.

On a été reçus dans le parloir, une petite pièce
blanchie à la chaux. Dans le mur du fond, il y
avait une ouverture fermée par un épais rideau.
Le rideau n'était pas rouge, comme au Théâtre
de Guignol, il était noir. On a entendu une voix
qui sortait de derrière le rideau, qui nous a dit:
« Bonjour, les enfants. »

C'était la tante Madeleine. Elle est cloîtrée,
elle n'a pas le droit de nous voir. On a discuté
un moment avec elle, puis elle a voulu voir
Mathieu. Elle nous a demandé de poser son
couffin devant l'ouverture, puis de nous retourner vers le mur. Les sœurs cloîtrées ont le droit
de voir les petits enfants, pas les grands. Elle a
alors appelé les religieuses pour venir admirer

son petit-neveu. On a entendu un bruissement de robes, des gloussements et des rires, puis le bruit du rideau qui s'est ouvert. Ç'a été alors un concert de louanges, de guili-guili, de gouzi-gouzi au divin enfant. « Comme il est mignon ! Regardez, ma Mère, il nous sourit, on dirait un petit ange, un petit Jésus... ! » C'est tout juste si elles n'ont pas dit qu'il avait l'air en avance.

Pour les religieuses, les enfants sont avant tout des créatures du bon Dieu, ils sont donc parfaits. Tout ce que Dieu fait est parfait. Elles ne veulent pas voir les défauts. En plus, c'est le petit-neveu de la Mère supérieure. Un moment, j'ai eu la tentation de me retourner pour leur dire qu'il ne fallait pas charrier.

Je ne l'ai pas fait, j'ai bien fait.

Pour une fois que le pauvre Mathieu entendait des compliments...

Je n'oublierai jamais le premier médecin qui a eu le courage de nous annoncer que Mathieu était définitivement anormal. Il s'appelait le professeur Fontaine, c'était à Lille. Il nous a dit qu'il ne fallait pas nous faire d'illusions. Mathieu était en retard, il serait toujours en retard, de toute façon il n'y avait rien à faire, il était handicapé, physiquement et mentalement.

Cette nuit-là, on n'a pas très bien dormi. Je me souviens d'avoir fait des cauchemars.

Jusqu'alors, les diagnostics étaient restés flous. Mathieu était en retard, on nous avait dit que c'était seulement physique, il n'avait pas de problème mental.

Beaucoup de parents et d'amis essayaient, souvent maladroitement, de nous rassurer. Chaque fois qu'ils le voyaient, ils se disaient étonnés des progrès qu'il faisait. Je me rappelle un jour leur avoir dit que moi, j'étais étonné des progrès qu'il ne faisait pas. Je regardais les enfants des autres.

Mathieu était mou. Il n'arrivait pas à tenir sa tête droite, comme si son cou était en caoutchouc. Tandis que les enfants des autres se redressaient, arrogants, pour réclamer à manger, Mathieu restait allongé. Il n'avait jamais faim, il fallait une patience d'ange pour le faire manger, et souvent il vomissait sur l'ange.

Si un enfant qui naît, c'est un miracle, un enfant handicapé, c'est un miracle à l'envers.

Le pauvre Mathieu ne voyait pas bien clair, il avait des os fragiles, les pieds tordus, il est devenu très vite bossu, il avait des cheveux hirsutes, il n'était pas beau, et surtout, il était triste. C'était difficile de le faire rire, il répétait comme une mélopée : « Ah, là, là, Mathieu... Ah, là, là, Mathieu... » Parfois, il avait des crises de larmes déchirantes, comme s'il souffrait atrocement de ne rien pouvoir nous dire. On a toujours eu l'impression qu'il se rendait compte de son état. Il devait penser : « Si j'avais su, je ne serais pas venu. »

On aurait bien voulu le défendre contre le sort qui s'était acharné sur lui. Le plus terrible, c'est qu'on ne pouvait rien. On ne pouvait même pas le consoler, lui dire qu'on l'aimait comme il était, on nous avait dit qu'il était sourd.

Quand je pense que je suis l'auteur de ses jours, des jours terribles qu'il a passés sur Terre, que c'est moi qui l'ai fait venir, j'ai envie de lui demander pardon.

À quoi reconnaît-on un enfant anormal ?

Il ressemble à un enfant flou, déformé.

Comme si on le regardait à travers un verre dépoli.

Il n'y a pas de verre dépoli.

Il ne sera jamais net.

Un enfant anormal n'a pas une vie très drôle. Dès le début, ça commence mal.

La première fois qu'il ouvre les yeux, il voit, penché au-dessus de son berceau, deux visages qui le regardent, catastrophés. Le père et la mère. Ils sont en train de penser : « C'est nous qui avons fait ça ? » Ils n'ont pas l'air très fier.

Quelquefois, ils s'engueulent, en rejetant la responsabilité l'un sur l'autre. Ils vont dénicher, perché dans les arbres généalogiques, un arrière-grand-père ou un vieil oncle alcoolique.

Parfois, ils se quittent.

Mathieu fait souvent « vroum-vroum » avec sa bouche. Il se prend pour une automobile. Le pire, c'est quand il fait les Vingt-Quatre Heures du Mans. Qu'il roule toute la nuit sans pot d'échappement.

Je suis allé plusieurs fois lui dire de couper son moteur, sans succès. C'est impossible de le raisonner.

Je n'arrive pas à dormir, demain je dois me lever tôt. Parfois, il me vient dans la tête des idées terribles, j'ai envie de le jeter par la fenêtre, mais nous sommes au rez-de-chaussée, ça ne servirait à rien, on continuerait à l'entendre.

Je me console en pensant que les enfants normaux aussi empêchent leurs parents de dormir.

Bien fait pour eux.

Mathieu n'arrive pas à se redresser. Il manque de tonus musculaire, il est mou comme une poupée de chiffon. Comment va-t-il évoluer? Comment sera-t-il quand il sera grand? On va devoir lui mettre un tuteur?

J'ai pensé qu'il pourrait être garagiste. Mais garagiste allongé. Ceux qui réparent le dessous des voitures dans les garages où il n'y a pas de pont élévateur.

Mathieu n'a pas beaucoup de distractions. Il ne regarde pas la télévision, il n'a pas eu besoin d'elle pour être handicapé mental. Évidemment, il ne lit pas. Une seule chose a l'air de le rendre un peu heureux, c'est la musique. Quand il en entend, il tape sur son ballon, comme sur un tambour, en mesure.

Son ballon tient une grande place dans sa vie. Il passe son temps à l'envoyer dans un endroit où il sait ne pas pouvoir le récupérer tout seul. Il vient alors nous chercher, il nous conduit par la main à l'endroit où il l'a jeté. On récupère le ballon, on le lui donne. Cinq minutes après, il revient nous chercher, il a de nouveau jeté son ballon. Il est capable de répéter le même manège des dizaines de fois dans la journée.

C'est sans doute la seule façon qu'il a trouvée

de créer un lien avec nous, pour qu'on le tienne par la main.

Maintenant Mathieu est parti chercher son ballon tout seul. Il l'a jeté trop loin. Dans un endroit où on ne pourra plus l'aider à le récupérer...

Bientôt l'été. Les arbres sont en fleurs. Ma femme attend un second enfant, la vie est belle. Il va arriver en même temps que les abricots. On attend avec impatience et un peu d'inquiétude.

Ma femme est certainement inquiète. Pour ne pas m'angoisser, elle n'ose pas le dire. Moi, j'ose. Je suis incapable de garder mes angoisses pour moi seul, il faut que je partage. Je n'ai pas pu m'empêcher. Je me souviens de lui avoir dit, avec mon tact habituel : « Imagine que celui-là aussi ne soit pas normal. » Je ne voulais pas seulement mettre de l'ambiance, plutôt me rassurer et conjurer le sort.

Je pensais bien que ça n'arriverait pas une seconde fois. Je sais que qui aime bien châtie bien, mais je ne pense pas que Dieu m'aime autant ; je suis égocentrique, mais pas à ce point.

Pour Mathieu, il devait s'agir d'un accident, et

un accident, ça n'arrive qu'une fois ; en principe, ça ne se répète pas.

Il paraît que les malheurs arrivent à ceux qui ne s'y attendent pas, à ceux qui n'y pensent pas. Alors, pour que ça n'arrive pas, on y a pensé…

Thomas vient de naître, il est superbe, blond avec des yeux noirs, le regard vif, il sourit toujours. Je n'oublierai jamais ma joie.

Il est très bien réussi, un objet précieux et fragile. Il a des cheveux blonds, il ressemble à un petit ange de Botticelli. Je ne me lasse pas de le prendre dans mes bras, de le tripoter, de jouer avec lui, de le faire rire.

Je me souviens d'avoir confié à des amis que, cette fois, je me rendais compte de ce que c'était d'avoir un enfant normal.

J'ai été optimiste un peu vite. Thomas est fragile, il est souvent malade, on a été plusieurs fois obligés de l'hospitaliser.

Un jour, notre médecin traitant a le courage de nous dire la vérité. Thomas est, lui aussi, handicapé, comme son frère.

Thomas était né deux ans après Mathieu.

Les choses rentrent dans l'ordre, Thomas va ressembler de plus en plus à son frère. C'est ma deuxième fin du monde.

Avec moi, la nature a eu la main lourde.

Même TF1, pour rendre le héros bouleversant et faire pleurer dans les chaumières, n'oserait pas mettre ce genre de situation dans un téléfilm, par peur d'en faire trop, de ne pas être pris au sérieux et, finalement, de faire rire.

La nature m'a donné le rôle-titre du père admirable.

Est-ce que j'ai le physique du rôle ?
Est-ce que je vais être admirable ?
Je vais faire pleurer ou je vais faire rire ?

« Où on va, papa ?

– On va à Lourdes. »

Thomas s'est mis à rire, comme s'il comprenait.

Ma grand-mère, assistée d'une dame d'œuvres, a essayé de me convaincre d'aller à Lourdes avec mes deux garçons. Elle veut me payer le voyage. Elle espère un miracle.

C'est loin, Lourdes, douze heures de train avec deux mioches qu'on ne peut pas raisonner.

Ils seront plus sages au retour, a dit bonne-maman. Elle n'a pas osé dire « après le miracle ».

De toute façon, il n'y aura pas de miracle. Si les enfants handicapés, comme je l'ai déjà entendu dire, sont une punition du Ciel, je vois mal la Sainte Vierge s'en mêler en faisant un miracle. Elle ne voudra certainement pas intervenir dans une décision prise en haut lieu.

Et puis là-bas, dans la foule, les processions, la nuit, je risque de les perdre et de ne plus jamais les retrouver.

Ce serait peut-être ça, le miracle ?

Quand on a des enfants handicapés, il faut supporter, en plus, d'entendre dire pas mal de bêtises.

Il y a ceux qui pensent qu'on ne l'a pas volé. Quelqu'un qui me voulait du bien m'a raconté l'histoire du jeune séminariste. Il allait être ordonné prêtre, quand il a rencontré une fille dont il est tombé éperdument amoureux. Il a quitté le séminaire et s'est marié. Ils ont eu un enfant, il était handicapé. Bien fait pour eux.

Il y a ceux qui disent que si on a des enfants handicapés, ce n'est pas par hasard. « C'est à cause de ton père... »

Cette nuit, au cours d'un rêve, j'ai rencontré mon père dans un bistrot. Je lui ai présenté mes enfants, il ne les a jamais connus, il est mort avant leur naissance.

« Eh, papa, regarde.

– Qui c'est ?

– Ce sont tes petits-enfants, comment tu les trouves ?

– Pas terribles.

– C'est à cause de toi.

– Qu'est-ce que tu racontes ?

– À cause du Byrrh. Tu sais bien, quand les parents boivent. »

Il m'a tourné le dos et il a commandé un autre Byrrh.

Il y a ceux qui disent: «Je l'aurais étouffé à la naissance, comme un chat.» Ils n'ont pas d'imagination. On voit bien qu'ils n'ont jamais étouffé un chat.

D'abord quand un enfant naît, à moins d'avoir une malformation physique, on ne sait pas forcément s'il est handicapé. Mes enfants, quand ils étaient bébés, étaient très proches des autres bébés. Comme eux ils ne savaient pas manger tout seuls, comme eux ils ne savaient pas parler, comme eux ils ne savaient pas marcher, ils souriaient parfois, surtout Thomas. Mathieu souriait moins…

Quand on a un enfant handicapé, on ne le découvre pas toujours tout de suite. C'est comme une surprise.

Il y a aussi ceux qui disent: «L'enfant handicapé est un cadeau du Ciel.» Et ils ne le disent pas pour rire. Ce sont rarement des gens qui ont des enfants handicapés.

Quand on reçoit ce cadeau, on a envie de dire au Ciel : « Oh ! fallait pas... »

À sa naissance, Thomas a eu un très beau cadeau, une timbale, une assiette et une cuiller à bouillie en argent. Il y a des petites coquilles Saint-Jacques en relief sur le manche de la cuiller et autour de l'assiette. C'est son parrain qui les lui avait offertes, le président-directeur général d'une banque, qui était l'un de nos amis proches.

Quand Thomas a grandi et que, rapidement, son handicap s'est révélé, il n'a plus jamais reçu de cadeau de son parrain.

S'il avait été normal, certainement qu'après il aurait eu un beau stylo avec une plume en or, puis une raquette de tennis, un appareil photo... Mais comme il n'était pas dans la norme, il n'avait plus le droit à rien. On ne peut pas en vouloir à son parrain, c'est normal. Il s'est dit : « La nature ne lui a pas fait de cadeau, il n'y a pas de raison que moi je lui en fasse. » De toute façon, il n'aurait pas su quoi en faire.

J'ai encore l'assiette à bouillie, je m'en sers comme cendrier. Thomas et Mathieu, eux, ne fument pas, ils ne sauraient pas, ils se droguent.

Chaque jour, on leur donne des tranquillisants pour les faire tenir tranquilles.

Un père d'enfant handicapé doit avoir une tête d'enterrement. Il doit porter sa croix, avec un masque de douleur. Pas question de mettre un nez rouge pour faire rire. Il n'a plus le droit de rire, ce serait du plus parfait mauvais goût. Quand il a deux enfants handicapés, c'est multiplié par deux, il doit avoir l'air deux fois plus malheureux.

Quand on n'a pas eu de chance, il faut avoir le physique de l'emploi, prendre l'air malheureux, c'est une question de savoir-vivre.

J'ai souvent manqué de savoir-vivre. Je me souviens, un jour, d'avoir demandé un entretien au médecin chef de l'institut médico-pédagogique où Mathieu et Thomas étaient placés. Je lui ai fait part de mes inquiétudes : je me demandais parfois si Thomas et Mathieu étaient totalement normaux...

Il n'a pas trouvé ça drôle.

Il avait raison, ce n'était pas drôle. Il n'avait pas compris que c'était la seule façon que j'avais trouvée de garder la tête hors de l'eau.

Comme Cyrano de Bergerac qui choisissait de se moquer lui-même de son nez, je me moque moi-même de mes enfants. C'est mon privilège de père.

En tant que père de deux enfants handicapés, j'ai été invité à participer à une émission de télévision pour témoigner.

J'ai parlé de mes enfants, j'ai insisté sur le fait qu'ils me faisaient rire souvent avec leurs bêtises et qu'il ne fallait pas priver les enfants handicapés du luxe de nous faire rire.

Quand un enfant se barbouille en mangeant de la crème au chocolat, tout le monde rit ; si c'est un enfant handicapé, on ne rit pas. Celui-là, il ne fera jamais rire personne, il ne verra jamais des visages qui rient en le regardant, ou alors quelques rires d'imbéciles qui se moquent.

J'ai regardé l'émission, qui avait été enregistrée.

On avait coupé tout ce qui concernait le rire.

La direction avait considéré qu'il fallait penser aux parents. Ça pouvait les choquer.

Thomas essaie de s'habiller tout seul. Il a déjà mis sa chemise, mais il ne sait pas la boutonner. Il est en train maintenant d'enfiler son pull-over. Il y a un trou à son pull-over. Il a choisi la difficulté, il s'est mis dans l'idée de l'enfiler en passant sa tête non pas par le col, comme l'aurait fait un enfant normalement constitué, mais par le trou. Ce n'est pas simple, le trou doit mesurer cinq centimètres. Ça dure longtemps. Il voit qu'on le regarde faire, et qu'on commence à rire. À chaque essai, il agrandit le trou, il ne se décourage pas, il en rajoute d'autant qu'il nous voit rire de plus en plus. Après dix bonnes minutes, il a réussi. Son visage radieux sort du pull, par le trou.

Le sketch était terminé. On a eu envie d'applaudir.

C'est bientôt Noël, je suis chez le marchand de jouets. Un vendeur veut absolument s'occuper de moi, alors que je ne lui demande rien.

« C'est pour des enfants de quel âge ? »

Imprudemment, j'ai répondu. Mathieu a onze ans et Thomas neuf ans.

Pour Mathieu, le vendeur m'a proposé des jeux scientifiques. Je me souviens d'un coffret permettant de construire soi-même un récepteur de radio, il y avait dedans un fer à souder et plein de fils électriques. Et pour Thomas, une carte de France en puzzle, avec tous les départements et les noms des villes découpés, qu'il fallait placer. Un moment, j'ai imaginé un poste de radio assemblé par Mathieu et une carte de France composée par Thomas, avec Strasbourg au bord de la Méditerranée, Brest en Auvergne et Marseille dans les Ardennes.

Il m'a proposé aussi le Petit Chimiste, qui permet de faire des expériences à domicile, des feux et des explosions de toutes les couleurs. Pourquoi pas le Petit Kamikaze avec sa ceinture d'explosifs pour régler définitivement le problème...

J'ai écouté les explications du vendeur avec beaucoup de patience, je l'ai remercié, puis je me suis décidé. J'ai pris, comme chaque année, une boîte de cubes pour Mathieu et des petites voitures pour Thomas. Le vendeur n'a pas compris, il a fait deux paquets-cadeaux, sans rien dire. Il m'a regardé partir avec mes deux paquets. J'ai vu en sortant qu'il faisait un geste à son collègue, il pointait son doigt sur son front, l'air de dire: « Il est toc-toc... »

Thomas et Mathieu n'ont jamais cru au Père Noël, ni au petit Jésus. Ils avaient de bonnes raisons. Ils ne lui ont jamais écrit une lettre pour lui demander quelque chose. Ils étaient bien placés pour savoir que le petit Jésus ne faisait pas de cadeaux. Ou alors, quand il en faisait, valait mieux se méfier.

On n'a pas eu à leur mentir. On n'a pas eu à se cacher pour aller leur acheter leurs cubes ou leurs petites voitures, on n'a pas eu à faire semblant.

On n'a jamais fait de crèche ni de sapin.

Il n'y a pas eu de bougie, par peur des incendies.

Ni de regard d'enfant émerveillé.

Noël, c'était un jour comme les autres. Il n'était pas encore né, le divin enfant.

Des efforts sont actuellement faits pour permettre l'intégration des handicapés sur le marché du travail. Les entreprises qui les engagent ont droit à des avantages fiscaux et des abattements de charges. Quelle bonne initiative. Je connais, en province, un restaurant qui fait travailler de jeunes débiles légers pour le service, ils sont touchants, ils vous servent avec une bonne volonté infinie, mais attention, évitez les plats en sauce, ou alors mettez un ciré.

Je ne peux pas m'empêcher d'imaginer Mathieu et Thomas sur le marché du travail.

Mathieu, qui fait souvent « vroum-vroum », pourrait faire chauffeur routier, il traverserait l'Europe à fond la caisse au volant d'un semi-remorque de plusieurs tonnes, avec le pare-brise couvert de nounours.

Thomas, qui aime bien jouer avec des petits

avions et les ranger dans des boîtes, pourrait faire aiguilleur du ciel, il serait chargé de faire atterrir les gros porteurs.

Tu n'as pas honte, Jean-Louis, toi, leur père, de te moquer de deux petits mioches qui ne peuvent même pas se défendre ?

Non. Ça n'empêche pas les sentiments.

Un moment, nous avons eu une bonne à demeure pour s'occuper des enfants. Elle s'appelait Josée, c'était une fille du Nord, blonde au teint coloré, elle était rustique, on aurait dit une fermière. Elle avait travaillé chez les grandes familles de la banlieue de Lille. Elle nous a demandé d'acheter une sonnette pour l'appeler. Je me souviens qu'elle voulait savoir où était l'argenterie. Dans sa place précédente, elle avait l'habitude de faire l'argenterie une fois par semaine. Ma femme lui a dit qu'elle était à la campagne, mais un jour Josée est venue à la campagne...

Elle était parfaite avec les enfants, pleine de bon sens. Elle se comportait avec eux comme avec des enfants normaux, sans faiblesse, sans attendrissement excessif, elle savait les rudoyer quand il le fallait. Je pense qu'elle les aimait beaucoup.

Quand ils faisaient des bêtises, je l'entendais leur dire : « Mais vous avez de la paille dans la tête ! »

C'est le seul diagnostic juste qui ait jamais été fait. Elle avait raison, Josée, ils avaient certainement de la paille dans la tête. Les médecins ne l'avaient même pas vu.

Notre album de photos de famille est plat comme une limande. On n'a pas beaucoup de photos d'eux, on n'a pas envie de les montrer. Un enfant normal, on le photographie sous toutes les coutures, dans toutes les postures, à toutes les occasions; on le voit souffler sa première bougie, faire ses premiers pas, prendre son premier bain. On le regarde, attendri. On suit pas à pas ses progrès. Un gosse handicapé, on n'a pas envie de suivre sa dégringolade.

Quand je regarde les rares photos de Mathieu, je reconnais qu'il n'était pas très beau, on voyait bien qu'il était anormal. Nous, ses parents, on ne l'a pas vu. Pour nous, il était même beau, c'était le premier. De toute façon, on dit toujours « un beau bébé ». Un bébé n'a pas le droit d'être laid, en tout cas, on n'a pas le droit de le dire.

J'ai une photo de Thomas que j'aime bien. Il

doit avoir trois ans. Je l'ai installé dans une grande cheminée, il est assis sur un petit fauteuil au milieu des chenets et des cendres, là où on met le feu. À la place du diable, un angelot fragile sourit.

Cette année, des amis m'ont envoyé comme carte de vœux une photo d'eux entourés de leurs enfants. Tout le monde a l'air heureux, toute la famille rit. C'est une photo très difficile à réaliser pour nous. Il faudrait déjà faire rire Thomas et Mathieu sur commande. Quant à nous, les parents, nous n'avons pas toujours envie de rigoler.

Et puis je vois mal les mots « Bonne année » en anglaises dorées juste au-dessus des têtes hirsutes et cabossées de mes deux petits mioches. Ça risque de ressembler plus à une couverture de *Hara-Kiri* par Reiser qu'à une carte de vœux.

Un jour que je voyais Josée en train de déboucher un évier avec une ventouse, je lui ai dit que j'allais en acheter une seconde. Elle m'a demandé :

« Pourquoi deux, monsieur ? Une, ça suffit. »

Je lui ai répondu :

« Vous oubliez que j'ai deux enfants, Josée. »

Elle n'a pas compris. Je lui ai alors expliqué que quand on promenait Mathieu et Thomas et qu'il fallait leur faire traverser un ruisseau, il était pratique de se servir de la ventouse. On la fixait sur la tête des enfants. Il suffisait alors de saisir le manche pour les soulever et leur permettre de passer au-dessus du ruisseau, sans se mouiller les pieds. C'était plus pratique que de les prendre dans les bras.

Elle était horrifiée.

À partir de ce jour, la ventouse a disparu. Elle a dû la cacher...

Mathieu et Thomas dorment, je les regarde.

À quoi rêvent-ils ?

Font-ils des rêves comme les autres ?

Peut-être que la nuit, ils rêvent qu'ils sont intelligents.

Peut-être que la nuit, ils prennent leur revanche, qu'ils font des rêves de surdoués.

Peut-être que la nuit, ils sont polytechniciens, savants chercheurs, et qu'ils trouvent.

Peut-être que la nuit, ils découvrent des lois, des principes, des postulats, des théorèmes.

Peut-être que la nuit, ils font des calculs savants qui n'en finissent pas.

Peut-être que la nuit, ils parlent le grec et le latin.

Mais dès que le jour se lève, pour que personne ne se doute et pour avoir la paix, ils reprennent l'apparence d'enfants handicapés. Pour qu'on les laisse tranquilles, ils font semblant de ne pas savoir parler. Quand on leur adresse la parole, ils font comme s'ils ne comprenaient pas pour ne pas être obligés de répondre. Ils n'ont pas envie d'aller à l'école, de faire des devoirs, d'apprendre des leçons.

Il faut les comprendre, ils sont obligés d'être sérieux toute la nuit, ils ont besoin, dans la journée, de se détendre. Alors ils font des bêtises.

La seule chose qu'on a réussie, ce sont vos prénoms. En choisissant Mathieu et Thomas, on a fait dans le bon chic bon genre, avec en plus un petit clin d'œil à la religion. Parce qu'on ne sait jamais, et qu'il faut toujours mieux être bien avec tout le monde.

Si on pensait vous attirer les grâces du Ciel, on s'est un peu plantés.

Quand je pense à vos petits abattis, vous n'étiez pas bâtis pour vous appeler Tarzan… Je vous vois mal, dans la jungle, voler de branche en branche, défiant des fauves sanguinaires, et avec la force des bras décrocher la mâchoire d'un lion ou tordre le cou d'un buffle.

Vous, c'était plutôt Tarzoon, la honte de la jungle.

Sachez que je vous préfère à l'arrogant Tarzan. Vous êtes bien plus émouvants, mes deux petits oiseaux. Vous me faites penser à E.T.

Thomas a des lunettes, des petites lunettes rouges, elles lui vont très bien. Avec sa salopette, il a l'air d'un étudiant américain, il est charmant.

Je ne me souviens plus comment on s'est aperçus qu'il ne voyait pas bien. Maintenant, avec ses lunettes, tout ce qu'il regarde doit être net, Snoopy, ses dessins... J'ai eu un moment l'incroyable naïveté de penser qu'il allait pouvoir enfin lire. J'allais lui acheter d'abord des bandes dessinées, ensuite des romans de la collection « Signe de Piste », puis Alexandre Dumas, Jules Verne, *Le Grand Meaulnes* et, pourquoi pas, après, Proust.

Non, il ne pourra jamais lire. Même si les lettres sur les pages sont devenues nettes, ça restera toujours flou dans sa tête. Il ne saura jamais que toutes ces petites pattes de mouche qui couvrent les pages des livres nous racontent des histoires et ont le pouvoir de nous transporter ailleurs. Il est devant elles comme moi devant des hiéroglyphes.

Il doit croire que ce sont des dessins, des tout petits dessins qui ne représentent rien. Ou alors il pense que ce sont des files de fourmis et il les regarde, étonné qu'elles ne se sauvent pas quand il avance la main pour les écraser.

Pour attendrir les passants, les mendiants exhibent leur misère, leur pied bot, leurs moignons, leur vieux chien, leur chat mité, leurs enfants. Je pourrais faire comme eux. Moi, j'ai deux bons appelants pour émouvoir, il suffirait de mettre à mes deux garçons leur petit manteau râpé bleu marine. Je pourrais m'asseoir par terre sur un carton avec eux, je prendrais l'air accablé. Je pourrais avoir un appareil à musique avec des airs entraînants, Mathieu taperait sur son ballon en mesure.

Moi qui ai toujours voulu être comédien, je pourrais réciter « La mort du loup », de Vigny, pendant que Thomas ferait son numéro du loup qui pleure, « il pleure, loulou »...

Peut-être que les gens seraient très émus et impressionnés par la prestation. Ils nous donneraient des sous pour aller boire un Byrrh à la santé de leur grand-père.

J'ai fait une folie, je viens de m'acheter une Bentley. Une ancienne, une Mark VI, 22 CV, elle consomme vingt litres au cent. Elle est bleu marine et noire, l'intérieur est en cuir rouge. Le tableau de bord est en ronce de thuya, avec plein de petits cadrans ronds et des voyants lumineux taillés comme des pierres précieuses. Elle est belle comme un carrosse; quand elle s'arrête, on s'attend à en voir descendre la reine d'Angleterre.

Je l'utilise pour aller chercher Thomas et Mathieu à leur institut médico-pédagogique.

Je les installe sur la banquette arrière, comme des princes.

Je suis fier de ma voiture, tout le monde la regarde avec respect, essayant de distinguer, à l'arrière, un passager célèbre.

S'ils voyaient ce qu'il y a derrière, ils seraient

déçus. À la place de la reine d'Angleterre, il y a deux petits mioches cabossés qui bavent, dont l'un, le surdoué, répète : « Où on va, papa ? où on va, papa ?... »

Je me souviens, une fois, sur la route, avoir eu la tentation de leur parler comme un père parle à ses enfants qu'il est allé chercher au collège. J'ai inventé des questions sur leurs études. « Alors, Mathieu, ce devoir sur Montaigne ? Qu'est-ce que tu as eu comme note à ta dissertation ? Et toi, Thomas, combien de fautes à ton thème latin ? Et la trigonométrie, comment ça se passe ? »

Pendant que je leur parlais de leurs études, je regardais dans le rétroviseur leurs petites têtes hirsutes au regard vague. Peut-être que j'espérais qu'ils allaient me répondre sérieusement, qu'on allait arrêter là la comédie des enfants handicapés, que c'était pas drôle, ce jeu, qu'on allait redevenir enfin sérieux comme tout le monde, qu'ils allaient enfin devenir comme les autres...

J'ai attendu un moment la réponse.

Thomas a dit plusieurs fois : « Où on va, papa ? Où on va, papa ? » tandis que Mathieu faisait « vroum-vroum »...

Ce n'était pas un jeu.

Thomas et Mathieu grandissent, ils ont onze et treize ans. J'ai pensé qu'un jour, ils allaient avoir de la barbe, on allait devoir les raser. Je les ai imaginés un moment avec des barbes.

J'ai pensé que, quand ils seraient grands, j'allais leur offrir à chacun un grand rasoir coupe-chou. On les enfermerait dans la salle de bains et on les laisserait se débrouiller avec leur rasoir. Quand on n'entendrait plus rien, on irait avec une serpillière nettoyer la salle de bains.

J'ai raconté ça à ma femme pour la faire rire.

Chaque week-end, Thomas et Mathieu reviennent de leur institut médico-pédagogique couverts d'écorchures et de griffures. Ils doivent se battre comme des chiffonniers. Ou alors, j'ai imaginé que dans leur institution, qui est à la campagne, et depuis que les combats de coqs sont interdits, leurs éducateurs, pour se détendre et arrondir leurs fins de mois, organisent des combats d'enfants.

À voir la profondeur des plaies, ils doivent certainement fixer aux doigts des enfants des ergots de métal. Ce n'est pas bien.

Je vais devoir écrire à la direction de l'IMP pour que cela cesse.

Thomas ne va plus être jaloux de son frère, il va avoir lui aussi un corset. Un impressionnant corset orthopédique, avec du métal chromé et du cuir. Lui aussi est en train de s'effondrer, de devenir bossu comme son frère. Bientôt, ils seront comme les petits vieux qui ont passé leur vie à ramasser des betteraves dans les champs.

Les corsets coûtent des fortunes, ils sont entièrement faits à la main, dans un atelier spécialisé à Paris, près de La Motte-Picquet, la Maison Leprêtre. Chaque année, on doit les amener à l'atelier prendre des mesures pour un nouveau corset parce qu'ils grandissent. Ils se laissent toujours faire docilement.

Quand on leur met le corset, ils ressemblent à des guerriers romains avec leur cuirasse ou à des personnages de bande dessinée de science-fiction, à cause du chrome qui brille.

Quand on les prend dans les bras, on a l'impression de tenir un robot. Une poupée en fer.

Le soir, on a besoin d'une clé à molette pour les déshabiller. Quand on leur retire leur cuirasse, on remarque, sur leur torse nu, des traces violettes que l'armature en métal a laissées, et on retrouve deux petits oiseaux déplumés qui tremblent.

J'ai réalisé pour la télévision plusieurs émissions sur les enfants handicapés. Je me souviens de la première, j'avais commencé par des *stockshots* d'un concours du plus beau bébé. L'illustration sonore, c'était André Dassary qui chantait : «Chantons la jeunesse qui, se moquant de la gloire, vole vers la victoire... »

J'avais un regard étrange sur les concours du plus beau bébé. Je ne comprends toujours pas pourquoi on félicite et récompense ceux qui ont des beaux enfants, comme si c'était de leur faute. Pourquoi, alors, ne pas punir et mettre des amendes à ceux qui ont des enfants handicapés ?

Je revois encore ces mères arrogantes et sûres d'elles, brandissant leur chef-d'œuvre devant le jury.

J'avais envie qu'elles le fassent tomber.

Je suis rentré plus tôt à l'appartement. Josée est seule dans la chambre des enfants, les deux lits sont vides, et la fenêtre est grande ouverte. Je me penche dehors, je regarde en bas, vaguement angoissé.

Nous sommes au quatorzième étage.

Où sont les enfants? On ne les entend pas. Josée les a jetés par la fenêtre. Elle a pu avoir une crise de folie, on lit ça, quelquefois, dans les journaux.

Je lui demande, sérieusement: «Pourquoi, Josée, avez-vous jeté les enfants par la fenêtre?»

J'ai dit ça pour rire, pour chasser l'idée.

Elle n'a pas répondu, elle ne comprend pas, elle est sidérée.

Je continue sur le même ton: «Ce n'est pas bien, Josée, ce que vous avez fait. Je sais bien qu'ils sont handicapés, ce n'est pas une raison pour les jeter. »

Josée est terrifiée, elle me regarde sans rien dire, je pense qu'elle a peur de moi. Elle part dans notre chambre, elle revient avec les enfants dans les bras et les pose devant moi.

Ils vont bien.

Josée est toute remuée, elle doit se dire : « Pas étonnant que monsieur ait des enfants un peu fous. »

Mathieu et Thomas ne connaîtront jamais Bach, Schubert, Brahms, Chopin...

Ils ne profiteront jamais des bienfaits de ces musiciens qui, certains matins tristes, quand l'humeur est grise et le chauffage en panne, nous aident à vivre. Ils ne connaîtront jamais la chair de poule que donne un *adagio* de Mozart, l'énergie qu'apportent les rugissements de Beethoven et les ruades de Liszt, Wagner qui vous donne envie de vous lever pour aller envahir la Pologne, les danses fortifiantes de Bach et les larmes tièdes que fait couler le chant dolent de Schubert...

J'aurais bien aimé essayer avec eux des chaînes haute-fidélité et leur en acheter une. Leur constituer leur première discothèque, leur offrir leurs premiers disques...

J'aurais bien aimé les écouter avec eux, jouer à

« La Tribune du disque », discuter des différentes interprétations et décider de la meilleure...

Les faire vibrer au piano des Benedetti, Gould, Arrau, et au violon des Menuhin, Oïstrakh, Milstein...

Et leur laisser entrevoir le paradis.

C'est l'automne. Je traverse la forêt de Com-
piègne dans ma Bentley, Thomas et Mathieu sont
à l'arrière. Le paysage est d'une beauté indicible.
La forêt est incendiée de couleurs, c'est beau
comme un Watteau. Je ne peux même pas leur
dire : « Regardez comme c'est beau », Thomas
et Mathieu ne regardent pas le paysage, ils s'en
foutent. On ne pourra jamais rien admirer ensemble.

Ils ne connaîtront jamais Watteau, ils n'iront
jamais au musée. De ces grandes joies-là qui
aident l'humanité à vivre, ils vont être privés
aussi.

Il leur reste les frites. Ils adorent les frites,
surtout Thomas, il dit « les fites ».

Quand je suis seul en voiture avec Thomas et Mathieu, il me passe quelquefois dans la tête des drôles d'idées. Je vais acheter deux bouteilles, une de Butagaz et une de whisky, et je les viderai toutes les deux.

Je me dis que si j'avais un grave accident de voiture, ce serait peut-être mieux. Surtout pour ma femme. Je suis de plus en plus impossible à vivre, et les enfants qui grandissent sont de plus en plus difficiles. Alors je ferme les yeux et j'accélère en les gardant fermés le plus longtemps possible.

Je n'oublierai jamais le médecin extraordinaire qui nous a reçus quand ma femme a été enceinte une troisième fois. Un avortement était envisagé. Il nous a dit : « Je vais vous parler brutalement. Vous êtes dans une situation dramatique. Vous avez déjà deux enfants handicapés. Vous en auriez un en plus, est-ce que ça changerait vraiment beaucoup, là où vous en êtes ? Mais imaginez que cette fois, vous ayez un enfant normal. Tout changerait. Vous ne resteriez pas sur un échec, ce serait la chance de votre vie. »

Notre chance s'est appelée Marie, elle était normale et très jolie. C'était normal, on avait fait deux brouillons avant. Les médecins, au courant des antécédents, étaient rassurés.

Deux jours après la naissance, un pédiatre est venu voir notre fille. Il a examiné longuement son pied, puis, tout haut, il a dit : « On dirait qu'elle a un pied-bot... » Après un petit moment, il a ajouté : « Non, je me suis trompé. »

Il avait certainement dit ça pour rire.

Ma fille a grandi, elle est devenue notre fierté nationale. Elle est belle, elle est intelligente. Quelle belle revanche sur le sort, jusqu'au jour où...

Mais assez rigolé, c'est une autre histoire.

La mère de mes enfants, que j'ai poussée à bout, en a eu marre, elle m'a quitté. Elle est partie rire ailleurs. Bien fait pour moi. Je ne l'ai pas volé.

Je me retrouve seul, paumé.

J'aimerais bien retrouver une belle jeunesse.

J'imagine mon annonce matrimoniale :

« Adolescent, 40 ans, 3 enfants dont 2 handicapés, cherche JF cultivée, jolie, sens de l'humour. »

Il va lui en falloir beaucoup, surtout du noir.

J'ai rencontré quelques mignonnes un peu sottes. Je me suis bien gardé de parler de mes enfants, sinon elles se seraient sauvées.

Je me souviens d'une blonde qui savait que j'avais des enfants, mais elle ne savait pas dans quel état. Je l'entends encore me dire : « Quand est-ce que tu me présentes à tes enfants, on dirait que tu ne veux pas, tu as honte de moi ? »

À l'IMP où sont placés Mathieu et Thomas, il y a de jeunes monitrices, notamment une grande brune très belle. Ce serait évidemment l'idéal, elle connaît mes enfants et leur mode d'emploi.

Finalement, ça n'a pas marché. Elle a dû se dire : « Les handicapés, ça va la semaine, c'est mon job, mais s'il faut en plus les retrouver le week-end… » Et peut-être aussi que je n'étais pas à son goût et qu'elle se disait : « Celui-là, il est spécialisé dans l'enfant handicapé, il est capable de m'en faire un, alors non merci. »

Et puis, un jour, il était une fois une fille charmante, cultivée, avec le sens de l'humour. Elle s'est intéressée à moi et à mes deux petits mioches. On a eu beaucoup de chance, elle est restée. Grâce à elle, Thomas a appris à ouvrir et fermer une fermeture Éclair. Pas longtemps. Le lendemain, il ne savait déjà plus, il avait tout oublié, il fallait recommencer l'apprentissage à zéro.

Avec mes enfants, on ne craint jamais de se répéter, ils oublient tout. Avec eux, jamais de lassitude, ni d'habitude, ni d'ennui. Rien ne se démode, tout est nouveau.

Mes petits oiseaux, je suis bien triste de penser que vous ne connaîtrez pas ce qui, pour moi, a fait les plus grands moments de ma vie.

Ces moments extraordinaires où le monde se réduit à une seule personne, qu'on n'existe que pour elle et par elle, qu'on tremble quand on entend ses pas, qu'on entend sa voix, et qu'on défaille quand on la voit. Qu'on a peur de la casser à force de la serrer, qu'on s'embrase quand on l'embrasse et que le monde autour de nous devient flou.

Vous ne connaîtrez jamais ce délicieux frisson qui vous parcourt des pieds à la tête, fait en vous un grand chambardement, pire qu'un déménagement, une électrocution, ou une exécution. Vous chamboule, vous tourneboule et vous entraîne dans un tourbillon qui fait perdre la boule et donne la chair de poule. Vous remue tout l'intérieur, vous donne chaud à la gueule, vous fait rougir, vous fait rugir, vous hérisse le poil, vous fait bégayer, vous fait dire n'importe quoi, vous fait rire et aussi pleurer.

Parce que, hélas, mes petits oiseaux, vous ne saurez jamais conjuguer à la première personne du singulier et à l'indicatif du présent le verbe du premier groupe : aimer.

Quand on me demande dans la rue un don pour les enfants handicapés, je refuse.

Je n'ose pas dire que j'ai deux enfants handicapés, on va croire que je blague.

L'air dégagé et souriant, je m'offre le luxe de dire : « Les enfants handicapés, j'ai déjà donné. »

Je viens d'inventer un oiseau. Je l'ai appelé Antivol, c'est un oiseau rare. Il n'est pas comme les autres. Il a le vertige. C'est pas de pot pour un oiseau. Mais il a le moral. Au lieu de s'attendrir sur son handicap, il en plaisante.

Chaque fois qu'on lui demande de voler, il trouve toujours une raison amusante pour ne pas le faire et il fait rire tout le monde. En plus, il a du culot, il se moque des oiseaux qui volent, les oiseaux normaux.

Comme si Thomas et Mathieu se moquaient des enfants normaux qu'ils croisent dans la rue.

Le monde à l'envers.

Il pleut, Josée est rentrée plus tôt de promenade avec les enfants, elle est en train de faire
manger Mathieu.

Je ne vois pas Thomas. Je sors de la pièce. Dans
le couloir, au portemanteau, il y a sa grenouillère
accrochée, elle est encore gonflée, elle garde la
forme d'un corps. Je rentre dans la pièce l'air sévère.

« Josée, pourquoi vous avez accroché Thomas
au portemanteau ? »

Elle me regarde sans comprendre.

Je continue mon gag : « Ce n'est pas parce que
c'est un enfant handicapé qu'il faut l'accrocher au
portemanteau. »

Josée ne s'est pas démontée, elle m'a répondu :
« Je le laisse sécher un moment, monsieur, il était
trempé. »

Mes enfants sont très affectueux. Dans les magasins, Thomas veut embrasser tout le monde, les jeunes, les vieux, les riches, les pauvres, les prolos, les aristos, les Blancs, les Noirs, sans discrimination.

Les gens sont un peu gênés quand ils voient un gamin de douze ans se précipiter sur eux pour les embrasser. Certains reculent, d'autres se laissent faire et disent après, en s'essuyant le visage avec leur mouchoir : « Comme il est gentil ! »

C'est vrai, ils sont gentils. Ils ne voient le mal nulle part, comme les innocents. Ils sont d'avant le péché originel, du temps où tout le monde était bon, la nature bienveillante, tous les champignons comestibles et où l'on pouvait caresser les tigres sans danger.

Quand ils vont au zoo, ils veulent faire des baisers aux tigres. Quand ils tirent la queue du chat, étrangement, le chat ne les griffe pas, il doit se dire : «Ce sont des handicapés, il faut être indulgent, ils n'ont pas toute leur tête. »

Est-ce qu'un tigre réagirait de la même façon si Thomas et Mathieu lui tiraient la queue ?

Je vais essayer, mais je préviendrai le tigre avant.

Quand je me promène avec mes deux garçons, j'ai l'impression d'avoir au bout des bras des marionnettes ou des poupées de chiffon. Ils sont légers, ils ont des petits os fragiles, ils ne grandissent pas, ils ne grossissent pas, à quatorze ans ils en paraissent sept, ce sont des petits lutins. Ils ne s'expriment pas en français, ils parlent le lutin, ou bien ils miaulent, ils rugissent, ils aboient, ils piaillent, ils caquettent, ils jacassent, ils couinent, ils grincent. Je ne les comprends pas toujours.

Qu'est-ce qu'il y a dans la tête de mes lutins ? Il n'y a pas de plomb. En dehors de la paille, il ne doit pas y avoir grand-chose, au mieux une cervelle d'oiseau, ou un bric-à-brac genre poste à galène ou un ancien poste de radio hors d'usage. Quelques fils électriques mal soudés, un transistor, une petite ampoule vacillante qui s'éteint souvent, et quelques mots enregistrés qui tournent en boucle.

Pas étonnant qu'avec ce cerveau, ils ne soient pas très performants. Ils ne feront jamais Polytechnique, c'est bien dommage, j'aurais tellement été fier, moi qui ai toujours été nul en maths.

Récemment, j'ai eu une grande émotion. Mathieu était plongé dans la lecture d'un livre. Je me suis approché, tout ému.

Il tenait le livre à l'envers.

J'ai toujours adoré *Hara-Kiri*. Un moment, je voulais leur proposer une couverture. Je voulais emprunter à mon frère, élève à Polytechnique, son grand uniforme avec le bicorne pour le mettre à Mathieu, et le prendre en photo. J'avais pensé à la légende : « Cette année, le major de Polytechnique est un garçon[1]. »

Pardon, Mathieu. Ce n'est pas de ma faute si j'avais ces idées tordues. Je n'avais pas envie de me moquer de toi, c'est peut-être de moi que je voulais me moquer. Prouver que j'étais capable de rire de mes misères.

1. L'année précédente, pour la première fois le major avait été une fille, Anne Chopinet.

Mathieu est de plus en plus voûté. Les kinés, le corset en métal, rien n'y fait. À quinze ans, il a la silhouette d'un vieux paysan qui a passé sa vie à bécher la terre. Quand on le promène, il ne voit que ses pieds, il ne peut même plus voir le ciel.

Un moment, j'ai imaginé fixer sur le bout de ses chaussures des petits miroirs, comme des rétroviseurs qui lui refléteraient le ciel…

Sa scoliose a augmenté, elle va bientôt provoquer des ennuis respiratoires. Une opération sur la colonne vertébrale doit être tentée.

Elle est tentée, il est totalement redressé.

Trois jours plus tard, il meurt droit.

Finalement, l'opération qui devait lui permettre de voir le ciel a réussi.

*Mon petit garçon est mignon, il rit toujours, il a des petits yeux noirs et brillants, comme les rats.*

*J'ai souvent peur de le perdre. Il mesure deux centimètres de haut. Pourtant, il a dix ans.*

*Quand il est né, on a été surpris, un peu inquiets. Le docteur nous a tout de suite rassurés, il a dit : « Il est tout à fait normal, patientez, c'est un petit retard, il va grandir. » On patiente, on s'impatiente, on ne le voit pas grandir.*

*Dix ans plus tard, l'entaille qu'on a faite dans la plinthe pour marquer sa taille quand il avait un an est toujours valable.*

*Aucune école n'a accepté de le prendre sous prétexte qu'il n'est pas comme les autres. On est obligés de le garder à la maison. On a dû engager quelqu'un à domicile. C'est très difficile de trouver quelqu'un qui accepte. C'est beaucoup* de soucis et de responsabilités, il est si petit, on a peur de le perdre.

Surtout qu'il est très farceur, il adore se cacher et il ne répond pas quand on l'appelle. On passe son temps à le chercher, il faut vider toutes les poches des vêtements et chercher dans tous les tiroirs, ouvrir toutes les boîtes. La dernière fois, il s'était caché dans une boîte d'allumettes.

Faire sa toilette est difficile, on a toujours peur qu'il se noie dans sa cuvette. Ou qu'il file par la vidange du lavabo. Le plus dur, c'est de lui couper les ongles.

Pour connaître son poids, on doit aller à La Poste le mettre sur un pèse-lettre.

Récemment, il a eu une rage de dents. Aucun dentiste n'a voulu le soigner, j'ai dû l'emmener chez l'horloger.

Chaque fois que des parents ou des amis le voient, ils disent : « Comme il a grandi. » Je ne les crois pas, je sais bien qu'ils disent ça pour nous faire plaisir.

Un jour, un médecin plus courageux que les autres nous a dit qu'il ne grandirait jamais. Le coup a été dur.

Petit à petit, on s'est habitués, on a vu les avantages.

On peut le garder sur nous, on l'a toujours sous la main, il n'est pas encombrant, on se le met vite dans la poche, il ne paie pas dans les transports en commun, et surtout il est affectueux, il adore nous chercher des poux dans la tête.

Un jour, on l'a perdu.

J'ai passé la nuit à soulever les feuilles mortes, une à une.

C'était l'automne.

C'était un rêve.

Il ne faut pas croire que la mort d'un enfant handicapé est moins triste. C'est aussi triste que la mort d'un enfant normal.

Elle est terrible la mort de celui qui n'a jamais été heureux, celui qui est venu faire un petit tour sur Terre seulement pour souffrir.

De celui-là, on a du mal à garder le souvenir d'un sourire.

Il paraît qu'on va se retrouver un jour, tous les trois.

Est-ce qu'on va se reconnaître ? Comment vous serez ? Comment vous serez habillés ? Je vous ai toujours connus en salopette, peut-être que vous serez en costume trois-pièces, ou en aube blanche comme les anges ? Peut-être que vous aurez une moustache ou une barbe, pour faire sérieux ? Est-ce que vous aurez changé, est-ce que vous aurez grandi ?

Est-ce que vous allez me reconnaître ? Je risque d'arriver en très mauvais état.

Je n'oserai pas vous demander si vous êtes toujours handicapés… Est-ce que ça existe les handicapés, au Ciel ? Peut-être que vous serez devenus comme les autres ?

Est-ce qu'on va pouvoir enfin se parler d'homme à homme, se dire des choses essentielles, des choses que je n'ai pas pu vous dire sur Terre parce que vous ne compreniez pas le français et que moi, je ne parlais pas le lutin ?

Au Ciel, on va peut-être enfin se comprendre. Et puis, surtout, on va retrouver votre grand-père. Celui dont je n'ai jamais pu vous parler, et que vous n'avez jamais connu. Vous allez voir, c'était un personnage étonnant, il va certainement vous plaire et vous faire rire.

Il va nous emmener faire des virées dans sa traction, il va vous faire boire, là-haut on doit boire de l'hydromel.

Il va rouler vite avec sa voiture, très vite, trop vite. On n'a pas peur.

On n'a rien à craindre, on est déjà morts.

On a craint un moment que Thomas souffre de la disparition de son frère. Au début, il l'a cherché, il ouvrait les armoires, les tiroirs, mais peu de temps. Ses activités diverses, les dessins, les soins à Snoopy ont repris le dessus. Thomas adore dessiner et peindre. Il est plutôt tendance abstrait. Il n'a pas eu son époque figurative, il est passé directement à l'abstrait. Il produit beaucoup, il ne retouche jamais après. Il fait des séries qu'il intitule toujours de la même façon. Il y a les dessins « Pour papa », les dessins « Pour maman », et les dessins « Pour Marie ma sœur ».

Son style n'évolue pas beaucoup, il reste proche de Pollock. Sa palette est vive. Les formats restent identiques. Emporté par son élan, il déborde souvent de son papier, il continue son œuvre sur la table, à même le bois.

Quand il a terminé un dessin, il le donne. Quand on lui dit que c'est beau, il a l'air content.

Je reçois parfois des cartes postales qui viennent d'un camp de vacances où sont partis les enfants. C'est souvent un coucher de soleil orange sur la mer ou une montagne scintillante. Derrière, il est écrit : « Mon cher papa, je suis très content, je m'amuse bien. Je pense à toi. » C'est signé Thomas.

L'écriture est belle, régulière, il n'y a pas de fautes d'orthographe, la monitrice s'est appliquée. Elle voulait me faire plaisir. Je comprends sa bonne intention.

Ça ne me fait pas plaisir.

Je préfère les gribouillages informes et illisibles que fait Thomas. Peut-être qu'avec ses dessins abstraits, il me dit plus de choses.

Un jour, Pierre Desproges est venu avec moi chercher Thomas dans son établissement. Il n'avait pas beaucoup envie, j'avais insisté.

Comme tous les nouveaux venus, il a été assailli par des enfants titubant et bavant, pas toujours très ragoûtants, qui l'ont embrassé. Lui qui supportait difficilement ses semblables et était souvent réservé devant les manifestations exubérantes de ses groupies, il s'est laissé faire de bonne grâce.

Cette visite l'a beaucoup remué. Il a eu envie d'y retourner. Il était fasciné par ce monde étrange où des enfants de vingt ans couvrent de baisers leur ours en peluche, viennent vous prendre par la main ou menacent de vous couper en deux avec des ciseaux.

Lui qui adorait l'absurde, il avait trouvé des maîtres.

Quand je pense à Mathieu et Thomas, je vois deux petits oiseaux ébouriffés. Pas des aigles, ni des paons, des oiseaux modestes, des moineaux.

De leurs manteaux bleu marine courts sortaient des petites cannes de serin. Je me souviens aussi, quand on les lavait, de leur peau transparente et mauve, celle des oisillons avant que les plumes poussent, de leur bréchet proéminent, de leur torse plein de côtes. Leur cervelle aussi était d'oiseau.

Il ne leur manquait que les ailes.

Dommage.

Ils auraient pu quitter un monde qui n'était pas fait pour eux.

Ils se seraient tirés plus vite, à tire-d'aile.

Jusqu'à ce jour, je n'ai jamais parlé de mes deux garçons. Pourquoi ? J'avais honte ? Peur qu'on me plaigne ?

Tout ça un peu mélangé. Je crois surtout que c'était pour échapper à la question terrible : « Qu'est-ce qu'ils font ? »

J'aurais pu inventer...

« Thomas est aux États-Unis, au Massachusetts Institute of Technology. Il prépare un diplôme sur les accélérateurs de particules. Il est content, ça marche bien, il a rencontré une jeune Américaine, elle s'appelle Marilyn, elle est belle comme un cœur, il va certainement s'installer là-bas.

– Ce n'est pas trop dur pour vous, l'éloignement ?

– L'Amérique, ce n'est pas le bout du monde. Et puis, l'important, c'est qu'il soit heureux. On a souvent des nouvelles, il téléphone toutes les semaines à sa mère. En revanche, Mathieu, qui fait un stage chez un architecte à Sydney, ne donne plus de nouvelles... »

J'aurais pu dire la vérité, aussi.

«Vous voulez vraiment savoir ce qu'ils font ? Mathieu ne fait plus rien, il n'est plus là. Vous ne le saviez pas, ne vous excusez pas, la disparition d'un enfant handicapé, ça passe souvent inaperçu. On parle de soulagement...

«Thomas est toujours là, il traîne dans les couloirs de son centre médico-pédagogique en serrant une vieille poupée mâchouillée, il parle à sa main en poussant des cris étranges.

– Pourtant, il est grand maintenant, ça lui fait quel âge ?

– Non, il n'est pas grand ; vieux, peut-être, mais pas grand. Il ne sera jamais grand. On ne devient jamais grand quand on a de la paille dans la tête. »

Quand j'étais petit, je faisais des excentricités pour me faire remarquer. À six ans, les jours de marché, je volais à l'étal du poissonnier un hareng, et mon grand jeu était de poursuivre les filles pour frotter leurs jambes nues avec mon poisson.

Au collège, pour faire romantique et ressembler à Byron, je mettais des lavallières au lieu de cravates, et pour faire iconoclaste j'avais mis la statue de la Sainte Vierge dans les chiottes.

Chaque fois que j'entrais dans un magasin pour essayer un vêtement, il suffisait qu'on me dise : « Ça plaît beaucoup, j'en ai vendu une dizaine hier » pour que je n'achète pas. Je ne voulais pas ressembler aux autres.

Plus tard, quand j'ai commencé à travailler à la télévision, qu'on m'a confié des petits tournages, j'essayais toujours, avec plus ou moins de bonheur, de trouver un endroit inhabituel pour placer la caméra.

Je me souviens d'une anecdote du peintre Édouard Pignon sur lequel j'avais fait un documentaire pour la télévision. Alors qu'il peignait des troncs d'olivier, un enfant était passé ; après avoir regardé son tableau, il lui avait déclaré : « Ça ne ressemble à rien, ce que tu fais. » Pignon, flatté, lui avait dit : « Tu viens de me faire le plus beau compliment, il n'y a rien de plus difficile que de faire quelque chose qui ne ressemble à rien. »

Mes enfants ne ressemblent à personne. Moi qui voulais toujours ne pas faire comme les autres, je devrais être content.

À chaque époque, dans chaque ville, dans chaque école, il y a toujours eu et il y aura toujours, au fond de la classe, souvent près du radiateur, un élève au regard vide. Chaque fois qu'il se lève, qu'il ouvre la bouche pour répondre à une question, on sait qu'on va rire. Il répond toujours n'importe quoi, parce qu'il n'a pas compris, qu'il ne comprendra jamais. Le prof, quelquefois sadique, insiste, pour amuser la galerie, mettre de l'ambiance et remonter son audimat.

L'enfant au regard vide, debout au milieu des élèves déchaînés, n'a pas envie de faire rire, il ne le fait pas exprès, au contraire. Il aimerait bien ne pas faire rire, il aimerait bien comprendre, il s'applique, mais malgré ses efforts il dit des bêtises, parce qu'il est non comprenant.

Quand j'étais gosse, j'étais le premier à en rire,

maintenant, j'ai une grande compassion pour cet écolier au regard vide. Je pense à mes enfants.

Heureusement, on ne pourra même pas se moquer d'eux à l'école. Ils n'iront jamais à l'école.

Je n'aime pas le mot « handicapé ». C'est un mot anglais, ça voudrait dire « la main dans le chapeau ».

Je n'aime pas non plus le mot « anormal », surtout quand il est collé à « enfant ».

Qu'est-ce que ça veut dire, normal ? Comme il faut être, comme on devrait être, c'est-à-dire dans la moyenne, moyen. Je n'aime pas trop ce qui est dans la moyenne, je préfère ceux qui ne sont pas dans la moyenne, ceux au-dessus, et pourquoi pas ceux au-dessous, en tout cas pas comme tout le monde. Je préfère l'expression « pas comme les autres ». Parce que je n'aime pas toujours les autres.

Ne pas être comme les autres, ça ne veut pas dire forcément être moins bien que les autres, ça veut dire être différent des autres.

Qu'est-ce que ça veut dire, un oiseau pas

comme les autres ? Aussi bien un oiseau qui a le vertige qu'un oiseau capable de siffler sans partition toutes les sonates pour flûte de Mozart.

Une vache pas comme les autres, ça peut être une vache qui sait téléphoner.

Quand je parle de mes enfants, je dis qu'ils ne sont « pas comme les autres ». Ça laisse planer un doute.

Einstein, Mozart, Michel-Ange n'étaient pas comme les autres.

Si vous étiez comme les autres, je vous aurais conduits au musée. On aurait regardé ensemble les tableaux de Rembrandt, Monet, Turner et encore Rembrandt...

Si vous étiez comme les autres, je vous aurais offert des disques de musique classique, on aurait écouté ensemble d'abord Mozart, puis Beethoven puis Bach et encore Mozart.

Si vous étiez comme les autres, je vous aurais offert plein de livres de Prévert, Marcel Aymé, Queneau, Ionesco et encore Prévert.

Si vous étiez comme les autres je vous aurais emmenés au cinéma, on aurait vu ensemble les vieux films de Chaplin, Eisenstein, Hitchcock, Buñuel et encore Chaplin.

Si vous étiez comme les autres, je vous aurais emmenés dans les grands restaurants, je vous aurais fait boire du chambolle-musigny et encore du chambolle-musigny.

Si vous étiez comme les autres, on aurait fait ensemble des matchs de tennis, de basket et de volley-ball.

Si vous étiez comme les autres, on serait montés ensemble dans les clochers des cathédrales gothiques, pour avoir un point de vue d'oiseau.

Si vous étiez comme les autres, je vous aurais offert des fringues à la mode, pour que vous soyez les plus beaux.

Si vous étiez comme les autres, je vous aurais conduits au bal avec vos fiancées dans ma vieille voiture décapotable.

Si vous étiez comme les autres, je vous aurais donné en douce des petits biffetons pour faire des cadeaux à vos fiancées.

Si vous étiez comme les autres, on aurait fait une grande fête pour votre mariage.

Si vous étiez comme les autres, j'aurais eu des petits-enfants.

Si vous étiez comme les autres, j'aurais peut-être eu moins peur de l'avenir.

Mais si vous aviez été comme les autres, vous auriez été comme tout le monde.

Peut-être que vous n'auriez rien foutu en classe.

Vous seriez devenus délinquants.

Vous auriez bricolé le pot d'échappement de votre scooter pour faire plus de bruit.

Vous auriez été chômeurs.

Vous auriez aimé Jean-Michel Jarre.

Vous vous seriez mariés avec une conne.

Vous auriez divorcé.

Et peut-être que vous auriez eu des enfants handicapés.

On l'a échappé belle.

J'ai fait castrer mon chat, sans le prévenir, sans lui demander la permission. Sans lui expliquer les avantages et les inconvénients. Je lui ai simplement dit qu'on allait lui retirer les amygdales. J'ai l'impression que depuis, il me fait la gueule. Je n'ose plus le regarder dans les yeux. J'ai des remords.

Je pense à une époque où on voulait castrer les enfants handicapés. Que la bonne société se rassure, mes enfants ne vont pas se reproduire. Je n'aurai pas de petits-enfants, je n'irai pas me promener avec une petite main qui gigotera dans ma vieille main, personne ne me demandera où le soleil s'en va quand il se couche, personne ne m'appellera grand-père, sauf les jeunes cons en voiture derrière moi parce que je ne roule pas assez vite. La lignée va s'arrêter, on va en rester là. Et c'est mieux comme ça.

Les parents ne doivent faire que des enfants normaux, ils auront tous le premier prix
ex æquo au concours du plus beau bébé et,
plus tard, le premier prix au concours général.
L'enfant anormal doit être interdit.

Pour mes petits oiseaux, le problème ne se pose
pas, on n'a pas à s'inquiéter. Ils ne feront pas
beaucoup de dégâts avec leur petit zizi minuscule
comme un bigorneau.

Je viens d'acheter d'occasion une Camaro, une voiture américaine. Elle est vert foncé, l'intérieur est en simili blanc, un peu m'as-tu-vu.

Nous partons en vacances au Portugal.

Nous emmenons Thomas avec nous, il va voir la mer. Nous sommes passés le prendre à La Source, son institut médico-pédagogique près de Tours.

La Camaro glisse sur la route, silencieuse.

Après une nuit passée en Espagne, nous arrivons à Sagres, le but du voyage. L'hôtel est blanc, le ciel bleu et la lumière sur la mer intense, presque l'Afrique.

Quel bonheur d'être enfin arrivés. Nous faisons descendre Thomas, il est ravi, il regarde l'hôtel, il s'écrie : « La Source, La Source ! » en tapant dans ses mains. Il se croit retourné à son

IMP. Peut-être qu'il est ébloui par le soleil, ou c'est un gag, il dit ça pour nous faire rire.

L'hôtel est un peu chichiteux, le personnel est en uniforme bordeaux avec des boutons dorés. Les serveurs portent tous un badge avec leur nom, le nôtre s'appelle Victor Hugo. Thomas veut embrasser tout le monde.

Thomas est servi comme un petit prince. Ce qu'il n'aime pas, c'est que le maître d'hôtel, avant de servir, retire les assiettes de présentation qui sont sur la table. Il se met en colère, s'accroche à son assiette, il ne veut pas qu'on la lui prenne, il crie: «Non, monsieur! Pas l'assiette! Pas l'assiette!» Il doit croire que si on lui prend son assiette, il n'aura rien à manger.

Thomas a peur de l'océan, du bruit de ses grosses vagues. J'essaie de l'habituer. Je marche dans la mer en le portant dans mes bras, il s'accroche à moi, terrorisé. Je n'oublierai jamais son expression terrifiée. Un jour, il a trouvé une astuce pour arrêter son supplice et qu'on sorte de l'eau, il a pris un air tragique et, très fort, pour qu'on l'entende malgré le fracas des vagues, il a crié: «Caca!» Croyant à une urgence, je l'ai sorti de l'eau.

J'ai vite compris que ce n'était pas vrai. J'étais tout ému. Thomas n'est pas idiot, il y a quand même quelques étincelles dans son petit cerveau d'oiseau.

Il est capable de mentir.

Mathieu et Thomas n'auront jamais de Carte bleue ni de carte de parking dans leur portefeuille. Ils n'auront jamais de portefeuille, leur seule carte, ce sera une carte d'invalidité.

Elle est de couleur orange, pour faire gai. Elle porte la mention « Station debout pénible », en caractères verts.

Elle a été délivrée par le commissaire de la République de Paris

Leur taux d'incapacité, en pourcentage, est de 80 %.

Le commissaire de la République, qui ne se fait aucune illusion sur leur évolution, la leur a délivrée « à titre définitif ».

Sur la carte, il y a leur photo. Leur étrange tête, leur regard vague... À quoi pensent-ils ?

Elle me sert encore aujourd'hui. Je la mets parfois sur mon pare-brise quand je suis mal garé. Grâce à eux, j'évite une contravention.

Mes enfants n'auront jamais un curriculum vitae. Qu'est-ce qu'ils ont fait ? Rien. Ça tombe bien, on ne leur demandera jamais rien.

Qu'est-ce qu'on pourrait mettre sur leur curriculum vitae ? Enfance anormale, puis placement définitif en institut médico-pédagogique, d'abord La Source, puis Le Cèdre, que des jolis noms.

Mes enfants n'auront jamais un casier judiciaire. Ils sont innocents. Ils n'ont rien fait de mal, ils ne sauraient pas.

Quelquefois, l'hiver, quand je les vois avec leur cagoule, je les imagine en braqueurs de banque. Ils ne seraient pas bien dangereux avec leurs gestes incertains et leurs mains qui tremblent.

La police pourrait les attraper facilement, ils ne se sauveraient pas, ils ne savent pas courir.

Je ne comprendrai jamais pourquoi ils ont été

punis si lourdement. C'est profondément injuste, ils n'ont rien fait.

Ça ressemble à une terrible erreur judiciaire.

Dans un sketch inoubliable, Pierre Desproges se venge de ses jeunes enfants et des horreurs qu'ils lui offrent pour la fête des Mères et des Pères.

Moi, je n'ai pas eu à me venger. Je n'ai jamais rien eu. Pas de cadeau, pas de compliment, rien.

Ce jour-là, pourtant, j'aurais donné cher pour un pot de yaourt que Mathieu aurait transformé en vide-poches. Il l'aurait habillé avec de la feutrine mauve et il aurait collé dessus des étoiles qu'il aurait découpées lui-même dans du papier doré.

Ce jour-là, j'aurais donné cher pour avoir un compliment mal écrit par Thomas, où il aurait réussi à tracer, avec beaucoup de difficulté : « Je tème bocou. »

Ce jour-là, j'aurais donné cher pour un cendrier biscornu comme un topinambour, que

Mathieu aurait fait avec de la pâte à modeler et sur lequel il aurait gravé « Papa ».

Comme ils ne sont pas comme les autres, ils auraient pu me faire des cadeaux pas comme les autres. Ce jour-là, j'aurais donné cher pour un caillou, une feuille séchée, une mouche verte, un marron, une bête à bon Dieu...

Comme ils ne sont pas comme les autres, ils auraient pu me faire des dessins pas comme les autres. Ce jour-là, j'aurais donné cher pour des animaux tordus comme des chameaux rigolos à la Dubuffet et des chevaux à la Picasso.

Ils n'ont rien fait.

Pas par mauvaise volonté, pas parce qu'ils n'ont pas voulu, je pense qu'ils auraient bien voulu, ils n'ont pas pu. À cause de leurs mains qui tremblent, de leurs yeux qui ne voient pas bien clair et de la paille qu'il y a dans leur tête.

Cher papa,

À l'occasion de la fête des Pères, on voulait t'écrire une lettre. La voici.

On ne te félicite pas pour ce que tu as fait : regarde-nous. C'était si difficile de faire des enfants comme tout le monde ? Quand on sait le nombre d'enfants normaux qui naissent tous les jours et qu'on voit la tête de certains parents, on se dit que ça ne doit pas être bien sorcier.

On ne te demandait pas de faire des petits génies, seulement des normaux. Une fois encore, tu n'as pas voulu faire comme les autres, tu as gagné, et nous on a perdu. Tu crois que c'est marrant d'être handicapé ? On a quelques avantages. On a échappé à l'école, pas de devoirs, pas de leçons, pas d'examens, pas de punitions. En revanche, pas de récompenses, on a loupé pas mal de choses.

Peut-être que Mathieu aurait aimé faire du football. Tu le vois sur un terrain, tout fragile au milieu d'une bande de grosses brutes ? Il n'en serait pas sorti vivant.

Moi, j'aurais bien aimé être chercheur en biologie. Impossible avec la paille que j'ai dans la tête.

Tu crois que c'est marrant de passer sa vie avec des handicapés ? Il y en a des pas faciles, qui crient tout le temps et nous empêchent de dormir, et des méchants qui mordent.

Comme on n'est pas rancuniers et qu'on t'aime bien quand même, on te souhaite une bonne fête des Pères.

Tu trouveras derrière la lettre un dessin que j'ai fait pour toi. Mathieu, qui ne sait pas dessiner, t'embrasse.

L'enfant pas comme les autres n'est pas une spécialité nationale, il existe en plusieurs versions.

Dans l'IMP où sont placés Thomas et Mathieu, il y a un enfant cambodgien. Ses parents ne parlent pas très bien le français, les entretiens avec le médecin chef de l'établissement sont difficiles, parfois épiques. Ils en sortent souvent dépités. Ils contestent toujours avec force le diagnostic du médecin.

Leur fils n'est pas mongolien, il est cambodgien.

Il ne faut pas parler de génétique, c'est un mot qui porte malheur.

Ce n'est pas moi qui pense à la génétique, c'est la génétique qui a pensé à moi.

Je regarde mes deux petits gamins cabossés, j'espère que ce n'est pas de ma faute s'ils ne sont pas comme les autres.

S'ils ne savent pas parler, s'ils ne savent pas écrire, s'ils ne savent pas compter jusqu'à 100, s'ils ne savent pas rouler à vélo, s'ils ne savent pas nager, s'ils ne savent pas jouer de piano, s'ils ne savent pas lacer leurs bottines, s'ils ne savent pas manger des bigorneaux, s'ils ne savent pas se servir d'un ordinateur, ce n'est quand même pas parce que je les ai mal élevés, ce n'est pas à cause de leur environnement...

Regardez-les. S'ils boitent, s'ils sont bossus,

ce n'est pas de ma faute. C'est la faute à pas de chance.

Peut-être que « génétique », c'est le terme savant pour dire pas de chance ?

Ma fille Marie a raconté à ses camarades d'école qu'elle avait deux frères handicapés. Elles n'ont pas voulu la croire. Elles lui ont dit que ce n'était pas vrai, qu'elle se vantait.

On entend certaines mères, devant le berceau de leur enfant, dire : « On ne voudrait pas qu'il grandisse, on voudrait qu'il reste toujours comme ça. » Les mères d'enfants handicapés ont beaucoup de chance, elles joueront à la poupée plus longtemps.

Mais un jour, la poupée pèsera trente kilos et elle ne sera pas toujours docile.

Les pères s'intéressent aux enfants quand ils sont plus grands, quand ils sont curieux, quand ils commencent à poser des questions.

J'ai attendu vainement ce moment-là. Il n'y a jamais eu qu'une seule question : « Où on va, papa ? »

Le plus beau cadeau qu'on puisse faire à un enfant, c'est de répondre à sa curiosité, lui donner le goût des belles choses. Avec Mathieu et Thomas, je n'ai pas eu cette chance.

J'aurais bien aimé être instituteur, apprendre des choses aux enfants sans les ennuyer.

J'ai fait pour les enfants des dessins animés que les miens n'ont pas vus, des livres qu'ils n'ont pas lus.

J'aurais aimé qu'ils soient fiers de moi. Qu'ils disent à leurs camarades : « Mon père, il est mieux que le tien. »

Si les enfants ont besoin d'être fiers de leur père, peut-être que les pères, pour se rassurer, ont besoin de l'admiration de leurs enfants.

A l'époque où il y avait une mire entre les programmes de la télévision, Mathieu et Thomas étaient capables de rester des heures devant l'écran à la regarder. Thomas aime bien la télévision, surtout depuis le jour où il m'a vu dans le poste. Lui qui ne voit pas bien, il a réussi, sur un petit écran, à me distinguer au milieu d'autres personnes. Il m'a reconnu, il a crié : « Papa ! »

Après l'émission, il n'a pas voulu aller dîner, il voulait rester devant le poste, il criait : « Papa, Papa ! » Il pensait que j'allais revenir.

Je me trompe peut-être quand je pense que je ne compte pas beaucoup pour lui et qu'il peut très bien vivre sans moi. Ça me touche, en même temps ça me culpabilise. Je me vois mal vivre avec lui, aller tous les jours à Carrefour voir les Snoopies.

Thomas va bientôt avoir quatorze ans. À son âge, je passais mon BEPC.

Je regarde Thomas. J'ai de la peine à me reconnaître en lui, on ne se ressemble pas. C'est peut-être mieux. Je ne dirais pas pour lequel des deux. Qu'est-ce qui m'a pris de vouloir me reproduire ?

De l'orgueil ? J'étais tellement fier de moi que je voulais laisser sur la Terre des petits « moi » ?

Je ne voulais pas mourir entièrement, je voulais laisser des traces, pour qu'on puisse me suivre, à la trace ?

J'ai parfois l'impression d'avoir laissé des traces, mais de celles qu'on laisse après avoir marché sur un parquet ciré avec des chaussures pleines de terre et qu'on se fait engueuler.

Quand je regarde Thomas, quand je pense à Mathieu, je me demande si j'ai bien fait de les faire.

Faudrait le leur demander.

J'espère quand même que, mises bout à bout, toutes leurs petites joies, Snoopy, un bain tiède, la caresse d'un chat, un rayon de soleil, un ballon, une promenade à Carrefour, les sourires des autres, les petites voitures, les frites... auront rendu le séjour supportable.

Je me souviens d'une colombe blanche. Elle était à l'atelier de l'IMP où les enfants faisaient des travaux manuels, c'est-à-dire que certains barbouillaient de peinture des feuilles de papier. Les autres étaient prostrés ou riaient aux anges.

Quand la colombe blanche vole dans la pièce, certains enfants émerveillés battent des mains. Elle laisse parfois tomber une petite plume qui descend en zigzaguant et qu'un enfant suit du regard. Il y a dans l'atelier une sorte de paix, peut-être à cause de la colombe. Il arrive qu'elle se pose sur la table, ou mieux sur l'épaule d'un enfant. On pense à Picasso, à *L'Enfant à la colombe*. Certains en ont peur et hurlent de terreur, mais la colombe est de bonne composition. Thomas la poursuit en l'appelant « tite poule », il voudrait l'attraper, peut-être pour la plumer ?

Le monde des animaux et des hommes a rarement été en telle harmonie. Entre cervelles d'oiseaux, le courant passe. Saint François d'Assise n'est pas loin, et Giotto, avec ses tableaux pleins d'oiseaux.

Les innocents ont les mains pleines. De peinture.

Thomas a dix-huit ans, il a grandi, il a de la peine à se tenir debout, le corset ne suffit plus, il a besoin d'un tuteur. J'ai été choisi.

Un tuteur doit avoir les pieds profondément enfoncés dans la terre, il doit être solide, stable, capable de résister au vent, il doit rester droit au milieu des tempêtes.

Drôle d'idée de m'avoir choisi.

C'est moi maintenant qui ai la gestion de son argent, je dois signer les chèques. Thomas, il s'en fout de l'argent, il ne sait pas bien ce que c'est. Je me souviens d'un jour, au Portugal, dans un restaurant, il avait sorti de mon portefeuille tous les billets et les avait distribués à tout le monde. Je suis sûr que si je demandais à Thomas son avis, s'il pouvait me le donner, il me dirait : « Vas-y, papa, profites-en, on va s'amuser, on va aller claquer ensemble mes allocations d'invalidité. »

Il n'est pas radin. Avec son argent, on s'achètera un beau cabriolet. On partira comme deux vieux amis en goguette, faire la fête. Comme dans les films, on descendra sur la Côte, on ira dans les beaux hôtels avec plein de lustres, on dînera dans les grands restaurants, on boira du champagne, on se racontera plein d'histoires, on parlera de voitures, de bouquins, de musique, de cinéma et de filles...

On se promènera la nuit au bord de la mer, sur des grandes plages désertes. On regardera les poissons phosphorescents laisser des traînées lumineuses dans l'eau noire. On philosophera sur la vie, sur la mort, sur Dieu. On regardera les étoiles et les lumières tremblantes de la côte. Parce qu'on n'aura pas les mêmes avis sur tout, on s'engueulera. Il me traitera de vieux con, moi je lui dirai : « Un peu de respect, s'il te plaît, je suis ton père », et il me répondra : « Tu n'as pas de quoi être fier. »

Un enfant handicapé a le droit de vote.

Thomas est majeur, il va pouvoir voter. Je suis sûr qu'il a beaucoup réfléchi, pesé le pour et le contre, analysé méticuleusement les programmes des deux candidats, leur fiabilité économique, il a fait l'inventaire des états-majors de chaque parti.

Il hésite encore, il n'arrive pas à choisir.

Snoopy ou Minou ?

Après un silence, il a dit soudainement : « Et tes garçons ? »

Il ne doit même pas savoir qu'il y en a un qui n'est plus là depuis plusieurs années.

Sans doute que la conversation languissait, qu'il craignait qu'à nouveau un ange passe. Le repas était terminé, tout le monde avait parlé de son actualité, il fallait réactiver l'ambiance. Le maître de maison ajouta, avec l'air de celui qui en a une bien bonne à vous raconter : « Saviez-vous que Jean-Louis a deux enfants handicapés ? »

L'information fut suivie d'un grand silence, puis d'une étrange rumeur faite de compassion, d'étonnement et de curiosité venant de ceux qui ne savaient pas. Une femme charmante se mit à me regarder avec le sourire triste et humide qu'on voit aux femmes du peintre Greuze.

Oui, mon actualité à moi, ce sont mes enfants

handicapés, mais je n'ai pas toujours envie d'en parler.

Ce que le maître de maison attend de moi, c'est de faire rire. Exercice périlleux, mais j'ai fait de mon mieux.

Je leur ai raconté le dernier Noël à l'IMP où étaient placés mes enfants. Le sapin que les enfants ont fait tomber, la chorale où chacun chantait une chanson différente, le sapin qui ensuite a pris feu, l'appareil de cinéma qui est tombé pendant la projection, le gâteau à la crème qu'on a renversé et les parents à quatre pattes sous les tables pour éviter les boules de pétanque qu'un père imprudent avait offertes à son fils qui les jetait en l'air, tout ça sur fond de « Il est né le divin enfant »...

Au début, ils étaient un peu gênés, ils n'osaient pas rire. Puis, petit à petit, ils ont osé. J'ai fait un beau succès. Le maître de maison était content.

Je crois que je serai réinvité.

Thomas parle à sa main, il l'appelle Martine. Il a avec Martine de longues conversations, elle doit lui répondre, mais il est le seul à l'entendre.

Il prend une petite voix pour lui dire des choses gentilles. Quelquefois le ton monte entre eux, il n'a pas l'air content du tout, Martine a dû dire quelque chose qui ne lui a pas plu, il prend alors une grosse voix et il l'engueule.

Peut-être qu'il lui reproche de ne pas savoir faire grand-chose ?

Il faut reconnaître que Martine n'est pas très habile et qu'elle ne l'aide pas beaucoup dans la vie quotidienne pour s'habiller, pour manger. Elle n'est pas précise, elle renverse quand il boit, elle tâtonne, elle ne sait pas boutonner sa chemise, elle ne sait pas lacer ses souliers, souvent elle tremble…

Elle ne sait même pas caresser correctement le

chat, ses caresses ressemblent à des coups et le chat, qui a peur, se sauve.

Elle ne sait pas jouer du piano, elle ne sait pas conduire une voiture, elle ne sait même pas écrire, elle est tout juste bonne à faire des dessins abstraits. Peut-être alors que Martine lui répond que ce n'est pas de sa faute, qu'elle attend les ordres. Ce n'est pas à elle de prendre les initiatives, c'est à lui.

Elle n'est qu'une main.

« Allô, bonjour Thomas, c'est papa à l'appareil. »

Un grand silence.

J'entends une respiration difficile très forte, puis la voix de la monitrice :

« Tu entends, Thomas ? C'est papa.

– Bonjour Thomas, tu me reconnais ? C'est papa, tu vas bien, Thomas ? »

Silence. Seulement la respiration difficile... Enfin, Thomas se met à parler. Depuis qu'il a mué, il a une grosse voix.

« Où on va, papa ? »

Il m'a reconnu. On peut continuer la conversation.

« Comment tu vas, Thomas ?

– Où on va, papa ?

– Tu as fait des beaux dessins, pour papa, pour maman, pour Marie ta sœur ? »

Silence. Seulement la respiration difficile.
«On va à la maison ?
– Tu fais des beaux dessins ?
– Martine.
– Elle va bien, Martine ?
– Des fites des fites des fites !
– Tu as mangé des frites, c'était bon ?... Tu veux manger des frites ? »
Silence...
«Tu fais un baiser à papa ? Tu dis au revoir à papa ? Tu fais un baiser ? »
Silence.
J'entends le combiné qui se balance dans le vide, des voix au loin. À nouveau la monitrice à l'appareil, elle me signale que Thomas a lâché le combiné, il est parti.
Je raccroche.
On s'était dit l'essentiel.

Thomas ne va pas très bien. Il est nerveux malgré les calmants. Il a parfois des crises où il est très violent. Il faut quelquefois le faire interner à l'hôpital psychiatrique…

Nous allons le voir la semaine prochaine, déjeuner avec lui. Comme c'est bientôt Noël, j'ai proposé à l'éducatrice de lui apporter un cadeau, mais lequel ?

Elle m'a dit qu'ils écoutaient de la musique toute la journée. Toutes sortes de musiques, même de la classique. Un pensionnaire qui a des parents musiciens écoute du Mozart et du Berlioz. J'ai pensé aux *Variations Goldberg*, une partition écrite par J.-S. Bach pour calmer le comte de Keyserling qui était un monsieur très nerveux. À l'IMP, il y a certainement beaucoup de comtes de Keyserling qui ont besoin d'être calmés, J.-S. Bach ne peut que leur faire du bien.

Je leur ai apporté le disque. L'éducatrice va tenter l'expérience.

Si un jour Bach pouvait remplacer Prozac...

Trente ans plus tard, j'ai retrouvé au fond d'un tiroir les faire-part de naissance de Thomas et de Mathieu. C'étaient des faire-part classiques, nous aimions la simplicité, ni fleurs ni cigognes.

Le papier a jauni, mais on arrive très bien à lire, écrit en anglaises, que nous avons la joie de vous annoncer la naissance de Mathieu, puis de Thomas.

Bien sûr que ce fut une joie, un moment rare, une expérience unique, une émotion intense, un bonheur indicible...

La déception fut à la hauteur.

Nous avons la douleur de vous apprendre que Mathieu et Thomas sont handicapés, qu'ils ont de la paille dans la tête, qu'ils ne feront jamais d'études, qu'ils feront des bêtises toute leur vie, que Mathieu sera très malheureux et qu'il nous quittera rapidement. Le fragile Thomas restera plus longtemps, toujours plus voûté... Il parle toujours à sa main, il se déplace difficilement, il ne dessine plus, il est moins gai qu'avant, il ne demande plus où on va, papa.

Peut-être qu'il est bien là où il est.

Ou alors, il n'a plus envie d'aller nulle part...

Chaque fois que je reçois un faire-part de naissance, je n'ai pas envie de répondre, ni de féliciter les heureux gagnants.

Bien sûr que je suis jaloux. Je suis surtout agacé après. Quand, quelques années plus tard, les parents béats et tout confits d'admiration me montrent les photos de leur adorable enfant. Ils citent ses derniers bons mots et parlent de ses performances. Je les trouve arrogants et vulgaires. Comme celui qui parlerait des performances de sa Porsche au propriétaire d'une vieille 2 CV.

« À quatre ans, il sait déjà lire et compter... »

On ne m'épargne pas, on me montre les photos de l'anniversaire, le petit chéri qui souffle les quatre bougies après les avoir comptées, le père qui filme avec le caméscope. J'ai alors des vilaines pensées dans la tête, je vois les bougies qui mettent le feu à la nappe, au rideau, à toute la maison.

Certainement que vos enfants sont les plus beaux du monde, les plus intelligents. Les miens, les plus moches et les plus bêtes. C'est de ma faute, je les ai loupés.

À quinze ans, Thomas et Mathieu ne savaient ni lire, ni écrire, et à peine parler.

Il y avait longtemps que je n'étais pas allé voir Thomas. Je suis allé le voir hier. Il est de plus en plus souvent dans un fauteuil roulant. Il se déplace difficilement. Il m'a reconnu au bout d'un moment, il a demandé : « Où on va, papa ? »

Il est de plus en plus voûté. Il a voulu aller se promener dehors. Notre conversation est sommaire et répétitive. Il parle moins qu'avant, il parle toujours à sa main.

Il nous a emmenés dans sa chambre. Elle est claire et peinte en jaune, Snoopy est toujours sur le lit. Sur le mur, il y a une œuvre abstraite de ses débuts, sorte d'araignée emmêlée dans sa toile.

Il a changé de pavillon, il est dans une petite unité de douze pensionnaires, des adultes qui ressemblent à des vieux enfants. Ils n'ont pas d'âge, ils sont indatables. Ils ont dû naître un 30 février…

Le plus âgé fume la pipe et il tire la langue aux

147

éducateurs. Il y a un aveugle qui se promène dans les couloirs en suivant à tâtons les murs. Certains nous disent bonjour, la majorité nous ignore. Quelquefois, on entend un cri, puis le silence, seul le bruit des pantoufles de l'aveugle.

On doit enjamber quelques pensionnaires allongés par terre, au milieu de la pièce, les yeux au ciel ; ils rêvent, parfois ils rient aux anges.

Ce n'est pas triste, c'est étrange, parfois beau. Les gestes lents de certains qui brassent l'air s'apparentent à une chorégraphie, à des mouvements de danse moderne ou de théâtre Kabuki. Un autre, qui fait avec ses bras des contorsions devant son visage, fait penser aux autoportraits d'Egon Schiele.

À une table, sont assis deux malvoyants qui se caressent les mains. À une autre, un pensionnaire, le crâne dégarni, les cheveux gris ; on l'imaginerait en costume trois-pièces gris, il a l'air d'un notaire, sauf qu'il a un bavoir et répète sans arrêt : « Caca, caca, caca... »

Tout est permis, toutes les excentricités, toutes les folies, on n'est pas jugé.

Ici, quand on est sérieux et qu'on se comporte normalement, on est presque gêné, on a le sentiment de ne pas être comme les autres et d'être un peu ridicule.

Quand je vais là-bas, j'ai envie de faire comme eux, des bêtises.

À l'IMP, tout est difficile, quelquefois impossible. S'habiller, lacer ses chaussures, fermer une ceinture, ouvrir une fermeture Éclair, tenir une fourchette.

Je regarde un vieil enfant de vingt ans. Son éducateur essaye de lui faire manger tout seul des petits pois. Je me rends compte de la performance que représentent les moindres gestes de sa vie quotidienne.

Il y a quelquefois des petites victoires qui valent une médaille d'or aux Jeux olympiques. Il vient d'attraper plusieurs petits pois avec la fourchette et les a portés à la bouche sans faire tout tomber. Il est très fier, il nous regarde, rayonnant. On jouerait bien l'hymne national en son honneur et en l'honneur de son entraîneur.

La semaine prochaine a lieu à l'institut médico-pédagogique une grande manifestation sportive, les XIII<sup>e</sup> jeux intercentres, destinés aux pensionnaires les moins atteints. Il y a plusieurs disciplines : boules sur cible, parcours tricycle, basket, lancer de précision, parcours moteur et tirs au but. Je ne peux pas m'empêcher de penser au dessin de Reiser représentant les Jeux olympiques pour handicapés. Le stade est couvert de grands calicots avec, inscrit dessus : « Interdit de rire. »

Évidemment, Thomas ne participe pas. Il va être spectateur. On va le sortir et installer son fauteuil devant le terrain de sport pour regarder le spectacle. Ça m'étonnerait que ça l'intéresse, il est de plus en plus enfermé dans son monde intérieur. À quoi pense-t-il ?

Est-ce qu'il sait ce qu'il a représenté pour moi, il y a plus de trente ans, le lumineux petit angelot blond qui riait toujours ? Maintenant il ressemble à une gargouille, il bave et il ne rit plus.

À l'issue de la manifestation, il y a le classement avec la remise des médailles et des coupes.

J'aurais bien aimé avoir des enfants dont je sois fier. Pouvoir montrer à mes amis vos diplômes, vos prix et toutes les coupes que vous auriez gagnées sur les stades. On les aurait exposées dans une vitrine dans le salon avec des photos où on nous aurait vus ensemble.

J'aurais, sur la photo, la mine béate et satisfaite du pêcheur qui s'est fait photographier avec le poisson énorme qu'il vient d'attraper.

Quand j'étais jeune, je souhaitais avoir plus tard une ribambelle d'enfants. Je me voyais gravir des montagnes en chantant, traverser des océans avec des petits matelots qui me ressembleraient, parcourir le monde suivi par une joyeuse tribu d'enfants curieux au regard vif, à qui j'apprendrais plein de choses, le nom des arbres, des oiseaux et des étoiles.

Des enfants à qui j'apprendrais à jouer au basket et au volley-ball, avec qui je ferais des matchs que je ne gagnerais pas toujours.

Des enfants à qui je montrerais des tableaux et ferais écouter de la musique.

Des enfants à qui j'apprendrais en secret des gros mots.

Des enfants à qui j'enseignerais la conjugaison du verbe péter.

Des enfants à qui j'expliquerais le fonctionnement du moteur à explosion.

Des enfants pour qui j'inventerais des histoires rigolotes.

Je n'ai pas eu de chance. J'ai joué à la loterie génétique, j'ai perdu.

« Ils ont quel âge, maintenant, vos enfants ? »

Qu'est-ce que ça peut bien vous foutre.

Mes enfants sont indatables. Mathieu est hors d'âge et Thomas doit avoir dans les cent ans.

Ce sont deux petits vieillards voûtés. Ils n'ont plus toute leur tête, mais ils sont toujours gentils et affectueux.

Mes enfants n'ont jamais connu leur âge. Thomas continue à mâchouiller un vieux nou-nours, il ne sait pas qu'il est vieux, personne ne le lui a dit.

Quand ils étaient petits, il fallait changer leurs chaussures, prendre chaque année une pointure supérieure. Seuls leurs pieds ont grandi, leur QI n'a pas suivi. Avec le temps, il aurait plutôt eu tendance à diminuer. Ils ont fait des progrès à l'envers.

Quand on a eu toute sa vie des enfants qui

jouent avec des cubes et qui ont un nounours, on reste toujours jeune. On ne sait plus très bien où on en est.

Je ne sais plus bien qui je suis, je ne sais plus très bien où j'en suis, je ne sais plus mon âge. Je crois toujours avoir trente ans et je me moque de tout. J'ai l'impression d'être embarqué dans une grande farce, je ne suis pas sérieux, je ne prends rien au sérieux. Je continue à dire des bêtises et à en écrire. Ma route se termine en impasse, ma vie finit en cul-de-sac.

Pour l'éditeur, le principe est d'utiliser des papiers composés de fibres naturelles, renouvelables, recyclables et fabriquées à partir de bois issus de forêts qui adoptent un système d'aménagement durable.
En outre, l'éditeur attend de ses fournisseurs de papier qu'ils s'inscrivent dans une démarche de certification environnementale reconnue.


Ce volume a été composé
par I.G.S.-CP à L'Isle-d'Espagnac (Charente)


Cet ouvrage a été imprimé en France par
CPI Bussière
à Saint-Amand-Montrond (Cher)
pour le compte des Éditions Stock
31, rue de Fleurus, 75006 Paris
en novembre 2008


N° d'édition : 17. – N° d'impression : 083517/1.
Dépôt légal : novembre 2008.
54-51-6117/3